Abgründige Gedichte der Welt!

Harald Roman Richter

AF166038

© Harald Roman Richter 2015
Abgründige Gedichte der Welt!

Herstellung und Verlag:
BoD - Books on Demand, Norderstedt

ISBN 978-3-7386-1160-1

Abgründige Gedichte der Welt!

INHALTSANGABE

Einleitung

Mein Name ist Harald Roman Richter!

Bin ein Krieger

des nicht richtig ausgesprochenen Wortes!

Ich bin ein metaphysischer Astronaut und Kosmonaut!

des Hauses Irisch Pub

Der ernannte und anerkannte,

ausgewachsene Hausmeister des Hauses.

Eine Null und ein öffentliches Rätselraten.

Ferner die Selbsternannte

und verbrannte freiwillige Feuerwehr

Und ich sage 333 bei Issos Keilerei

und es ist noch lange nicht vorbei.

Das Loch

Wollte stark und schön durchs Leben gehen.

Habe leider dabei den Balken übersehen.

Bin gestolpert und tief gefallen.

Fand mich wieder im dunklen Loch.

Konnte mich daraus nicht befreien.

Muss wohl bleiben für immer drin.

Da wollte ich sagen

Wollte da sagen

kam dada raus.

Konnte nicht erfahren

was dada eigentlich heißt.

Habe nachgedacht über dieses Rätsel

kam nur dada raus.

Fing dann an nur noch dada zu sagen

und dadate nur so vor mich hin.

Ich konnte dann nichts mehr sagen

weil ich selber dada bin.

Der Schlaf

Letzte Nacht habe ich geschlafen

und es gackerte ein Huhn.

Ich glaubte zu schlafen

und fing das Huhn.

Und als ich das Huhn in Händen hatte

fing das Huhn zu sprechen an.

Es sei gegangen in die ferne Welt

um zu finden die Wahrheit

dieser Welt.

Und als das Huhn die Wahrheit fand

legte das Huhn sie ab

an die Stelle wo es sie fand.

Das Huhn gackerte mir noch ins Ohr

das es eines Tages mir zeigen würde

diesen Ort.

Die Erinnerung

Habe gedacht

ich kann nicht mehr.

Komme gleich wieder

ich mag nicht mehr.

Konnte alles nicht glauben

was ihr mir sagt.

Bin verzweifelt an diesen Tag.

Die Verzweiflung hat sich gesteigert

bis ich nicht mehr wusste

was ich mag.

Dann habe ich vergessen

was ihr mir sagt.

Daraufhin habe ich mich prompt erinnert.

Was ich in meinen Leben

wirklich gerne mag.

Der einsame Weg

Einsamkeit führte mich auf düsteren Weg.

Von bösen Geistern wurde ich begleitet.

Sie nahmen mir alle Hoffnung

das ich verzweifelte an mir.

Meine Verzweiflung wurde immer größer

wollte mich flüchten in den Tod.

Habe mit diesen Gedanken gerungen

um mich selbst von mir zu befreien.

Konnte aber keine Lösung finden

und bin verharrt in Einsamkeit.

Stille dieser Welt

Konnte nicht glauben
was ich zur Zeit höre.
Es klingelt in meinen Ohren
der Schwachsinn dieser Welt.
Habe dadurch mein Gehör verloren
und höre nur noch die Stille dieser Welt.
Die Stille ist sehr angenehm
sie gibt mir zurück
was mir fehlte.
Jetzt kann ich wieder hören
das Flüstern dieser Welt.
Sie erzählt mir schöne Dinge
die mich sehr erfreuen.
Kann dadurch nur gewinnen
mein Seelenheil in dieser Welt.

Yin und Yang

Es ist alles hell und doch so finster.

Was geht, bleibt auch mal stehen.

Wenn wir wissen was wir wollten,

würde uns ein Licht aufgehen.

Lange Zeit ist nichts gegangen,.

und wir haben uns beruhigt.

Von Ferne aus betrachtet

sind wir gegangen,

und doch blieben wir auf der selben Stelle stehen.

Heller Raum

Habe mich vergessen

am einsamen Ort.

Werde niemals finden

den Raum der Welt.

Ging zugrunde an einem schönen Tag.

Finde mich wieder am eisigen Ort.

Wollte niemals sein

und bin geworden.

Verschlüsselt ist mein Ich.

Was ich sehe, ist gestorben.

Was ich fühlte ist erloschen.

Habe Erbarmen mit diesem Manne.

Alles, was er jemals wollte

ist sich finden

im großen Raum.

Lebensfragen

Habe die Lebenden gefragt, wer ich bin.

Sie wussten nicht die Antwort.

Darum musste ich fragen die Toten

die wussten wer ich bin.

Sie alleine gaben mir eine gute Antwort

Ich konnte anfangen was mit ihr.

Ich werde mich danach im Leben richten

um nicht im Reich der Lebenden unterzugehen.

Nachgedacht

Habe mich verloren in dunkler Nacht.

Habe den Weg nicht gefunden

der mich zu dir gebracht.

Habe verschenkt

dein Herz in Umnachtung

das mich führte zu dir.

Habe meine Seele misshandelt

bis sie war fort von mir.

Habe verloren alle diese Schätze

bin bekümmert sehr darum.

Habe mich gefragt

wie bekomme ich Sie wohl wieder

habe zermartert mein Hirn.

Habe mein Hirn geschunden

in einsamen Nächten

und war der Lösung auch sehr nah.

Habe die Lösung auch endlich gefunden

weiß nur nicht, ob sie wahr.

Alles was es so gab

Alles was es jemals gab
ist verschwunden an einen Tag.
Und ist die Wahrheit auch gegangen
frage nicht
wo sie geblieben ist.
Um dem Schicksal zu entkommen
muss ich gehen
durch die Dunkelheit.
Wirst dich verstricken
in der dunklen Macht.
Wird sich zeigen was du so machst.
Bringst du dieses Werk zu Ende
wird sich für dich öffnen
das Himmelstor.
Und dann wirst du sehen
das himmlische Licht
das dich trägt weit empor.

Der Weg

Gehe meinen Weg

anscheinend für mich ganz alleine.

Treffe ab und zu ein paar Gehirne

die mir erzählen wollen

wie ich gehen soll meinen Weg.

Kann ihre Sprache aber nicht verstehen.

Komme wohl aus einem seltsam fernen Land.

Dort spricht man Chinesisch

und das ist hier nicht bekannt.

Darum finde ich hier auch keinen Dolmetscher,

der meine Sprache für euch übersetzen kann.

Eure Sprache höre ich wohl

kann den Sinn aber nicht verstehen.

Schaue deswegen in meine Zukunft

um meinen eigenen Weg zu gehen.

Lasse euch deswegen links liegen

und sage euch nicht auf Wiedersehen.

Nach einer Weile werde ich euch umrunden

und sage euch dann guten Tag.

Ich komme leider für euch dann von hinten

ihr seit dann sehr überrascht.

Und ihr versteht absolut nicht mehr

was ich mit euch mach.

Es kann einmal so oder anders sein

ihr könnt dann mit mir gehen,

oder ihr seit ganz und gar allein.

Lasse euch stehen auf einer Graden

und ihr rennt nur gerade aus .

Werdet niemals erfahren

wie die Geschichte geht für euch dann aus.

Das ist nicht mehr

Das Gesicht ist erstarrt!

Das Wasser wird zu Eis!

Die Seele ist zerstört!

Das Weltall ist geordnet worden!

Das warme Hertz ist erkaltet!

Der Baum ist nicht mehr grün!

Der Körper ist mager!

Das Gefäß ist zersprungen!

Die Sprache ist unwahr!

Die Sonne ist verschwunden

Das Handel ist beschränkt!

Der Fluss ist versiegt!

Die Liebe ist begehrt!

Der Mond ist vom Himmel gefallen!

Glaube

Glaube an Gott, vielleicht auch nicht.

Glaube an die Welt besser nicht.

Glaube an die Wahrheit

das kann nicht sein.

Glaube an die Vernunft

das ist fatal.

Glaube an die Gerechtigkeit

das ist nicht klug.

Glaube jetzt an gar nichts mehr

das ist genug.

Mutter der Schönheit

Oh Mutter der Schönheit

meine Schönheit ist mir entglitten.

Oh Mutter der Schönheit

renne hin und her

und finde den Ort der Schönheit nicht mehr

Oh Mutter der Schönheit

wo habe ich sie gelassen.

Oh Mutter der Schönheit

ich möchte finden den Ort wo du verweiltest.

Oh Mutter der Schönheit

weise mir den Weg

das ich finden kann diesen Ort.

Oh Mutter der Schönheit

zeig mir diesen Weg

das ich mich finden kann bei Dir.

Oh Mutter der Schönheit

ich danke Dir.

Die Stufe

Kann mich keiner retten

um Himmels willen

werde ich wohl unter gehen.

Bin gefangen auf unterster Stufe

und das Leben schreitet über mir hinweg.

Muss dort bis zum bitteren Ende verbleiben

um zu sehen was das Schicksal so mit mir treibt.

Habe die Stufen vor Augen

und blicke hinauf

und frage mich von unten

wie komme ich da wohl rauf.

Die erste Stufe ist die Schlimmste

ich weiß es genau.

Habe mich nie empor geschwungen über diese Stufe

habe gejammert jeden Tag.

Bin gestorben an dieser Stelle

um zu warten auf Gottes Gnade.

Und hoffe, das er mich erlösen kann

aus dieser wirklich misslichen Lage.

Der Spiegel

Habe gefunden einen Spiegel.

Er sah nicht aus wie Einer.

Konnte mich in ihm nicht sehen.

Habe gedacht es wäre wohl keiner.

Musste schauen mehrmals hin.

um zu sehen mein Spiegelbild.

Was der Spiegel dann reflektierte

hatte absolut keine Ähnlichkeit mit mir.

Es waren fünf geometrische Dinge,

die erstrahlten im leeren Raum.

Daraufhin befragte ich den Spiegel:

„Was diese Dinge den wohl zu bedeuten haben?"

Der Spiegel gab mir dann zur Antwort:

„Dass es wohl die Dinge Gottes sind."

Habe mich daraufhin sehr gewundert

das ich diese Dinge Gottes im Spiegel sehen kann.

Jetzt habe ich nur noch Fragen

auf die ich wirklich keine Antwort finde.

Darum brachte ich den Spiegel an die Stelle wieder zurück,

wo ich ihn glaubte gefunden zu haben.

Problemlösung

Ihr habt geredet den ganzen Tag.

Habe leider nicht verstanden, was ihr mir sagt.

Wusste nicht die Lösung von euren Problemen.

Weil ich sie selber nicht habe.

Ihr habt mir zu große Probleme.

die ich ehrlich nicht mag.

Ich habe Verständnis für alle diese Dinge.

Sie müssen nur für mich logisch sein.

Sonst verstehe ich leider nicht diese Dinge.

Und ich muss finden die Lösung für mich ganz allein.

Habe da die Befürchtung

es kommt nichts Gutes dabei für euch raus.

Ich muss mich wohl ändern, sonst ist es für euch aus.

Aus ist ein ausgedehnter Begriff.

Ich weis es wirklich nicht, ob es euch betrifft.

Betroffen bin ich nur selber

da habt ihr wirklich nichts davon.

Darum bin ich mich selber

da habe ich was davon.

Das hohe Lied an den eisigen Krieg

Im Staube sollt ihr liegen
verrecken jeden Tag.
Ich werde euch besiegen
am vergangenen Tag.
Ich kenne kein Erbarmen
mit des Teufels Brut.
Sie werden es erfahren
was die Vergangenheit in der Zukunft tut.
Die Zukunft wird sehr dunkel sein
für des Teufels Brut.
Sie wird noch dunkler sein als die Nacht.
Schwarzer noch als die Seelen
die der Teufel sich gemacht.
Selbst der Teufel wird sich davor erschrecken
vor dieser Dunkelheit.
Er wird nimmer entdecken
sein rotes Reich.
Und dann wird er versinken
in aller Ewigkeit

Tora Bora

Flog nach Tora Bora

in den schwarzen Sand hinein.

Ich kam aus Amerika

und hatte sehr große Bomben dabei.

Mein Flugzeug hatte ein schönen Namen

es heißt B-fifty two.

Es kann jedem schaden

der nicht in einer tiefen Hölle sitzt.

Er muss dort verweilen

bis mir ausgeht der Sprit.

Steckt er trotzdem sein Kopf vorher heraus,

rasiere ich ihn ab

und mache Wildbret daraus.

Der Biologe

Kann mich nicht entsinnen wie ich heiße.

Komme aus Japan und bin in Deutschland zu Hause.

In Deutschland bekam ich ein neuen Spitznamen,

wo der Tod der Meister ist.

Kann ihn nicht verstehen weil ich nur ein Chinese bin.

Habe davor noch nie aus einem Munde einer Frau gehört,

das ich Mister Milzbrand bin.

Sie wusste nicht was sie sagte.

Denn sie ist beladen von der biologischen Wahrheit.

Die aus den Mündern der amerikanischen Nazis spricht.

Kann mir deswegen nur denken

dass das nicht mein Name ist.

Ach du Gott

Ach Gott, ich weiß von dir.

Ach Gott, ich glaube an dich.

Ach Gott, ich träume von dir.

Ach Gott, ich bin mit dir.

Ach Gott, warum hast du mich verlassen?

Dunkler Raum

Gut habe ich gelebt auf dieser kleinen Welt.

Dann hat mir das Schicksal ein Bein gestellt.

Habe mich darauf in mich verkrochen

um dem Schicksal zu entfliehen

Die Liebe ging mir nun auch verloren

bin gelandet am einsamen Ort.

Dadurch habe ich viele Sorgen

dass ich mich fühlte ganz allein.

Nun weiß ich nicht

was ist am Morgen

ob das Schicksal mich noch holt.

Wollte nicht in diesen Zustand verharren

sondern finden mein Glück in dieser Welt.

Fing an Gott zu fragen, wo geblieben ist mein Glück.

Er gab mir aber keine Antwort

und zeigte mit seinem Finger nur auf mich.

Ich verstand gleich diese Geste

suchte als dann das Glück in mir.

Nun blicke ich tief in meine Seele

um zu ergründen den dunklen Raum.

Habe die Orientierung dabei schnell verloren

dass ich mich drehte nur im Kreis.

Ich drehte mich sehr schnell

dass sich bildete ein kleines Licht.

Konnte aber nicht verstehen was es ist.

Habe den Verstand beiseite gelassen

um zu ergründen dieses Licht.

Das Licht wurde immer größer

es erstrahlte wirklich hell

so das es füllte den dunklen Raum.

Bin mutig gegangen in dieses Licht

habe mich dort selber getroffen

ich glaub es nicht.

Stelle mir dort die Frage

was es wohl zu bedeuten hat.

Die Antwort die ich dann von mir selbst bekommen habe,

kristallisierte sich im hellen Raum.

Es erschienen Gottes Dinge

die ich zuvor nie gesehen habe.

Halte mich fest an diesen Dingen

um im großen Raum nicht unterzugehen.

Ein Mann eine Frau

Ein kleiner Mann ist gegangen
eine große Frau kam dazu.
Sind beide den gleichen Weg gegangen
und kamen nicht zur Ruh.
Der Weg war sehr steinig
und sie stolperten hier und da.
Sie haben es überwunden
und kamen sich sehr nah.

Hinterhältigkeit

Hinterhalt ist eine zu schlechte Falle.

Weil ich prinzipiell nur von hinten komm.

Es ist für mich so wie so nur vorne.

Weil ich das Größte aller Arschlöcher bin.

Totgeboren

Kriege nie genug in meinem Leben

weil ich Totgeboren bin.

Bin deshalb am leben,

weil ich dazu auch noch doof geboren bin.

Werde mich erinnern was ich vorher war.

Kann mich zwar nicht daran erinnern

kann nur sagen es ist wahr.

Gerede

Glaubst Du, was ich sage?

Hörst Du mir überhaupt zu?

Habe geredet den ganzen Tag!

Von der schönen Wahrheit

und dem unendlichen Licht.

Habe beschworen Gottes Wort.

Ich ging alleine und Gott ging fort.

Er ließ mich stehen in der Finsternis.

Sein helles Wort gilt dort leider nichts.

Ich schrie hinaus

was ich schon immer wusste!

Doch es verhallte in der ewigen Finsternis.

Bin gegangen den finsteren Weg

um zu schauen das ewige Licht

Habe nicht gefunden dieses Licht.

Darum bin ich verloren in ewiger Finsternis.

Ich bitte, ach Gott, errette mich.

Lass mich nicht stehen in der Finsternis.

Ach Gott, gib mir dein Wort!

Dass ich reden kann

an diesem finsteren Ort.

Dogma

Unterdrückt bin ich jeden Tag,

von der Wahrheit

die sie fortlaufend verkünden.

Sie verkünden die Wahrheit jeden Tag,

bis es eine wahre Lüge geworden ist.

Die Wahrheit aber sieht anders aus,

es hat kein Zweck zu lügen.

Die Wahrheit frisst das Dogma auf,

und das ist nicht gelogen.

Heimatqualen

Meine Heimat ist daneben,

ist verrückt geworden auf einen Schlag.

Die Heimat verlor sich auch in der Zeitgeschichte,

findet sich nicht wieder und hat die Qual der Wahl.

Ich bin dadurch auch verrückt geworden

und mein Gehirn hat dadurch auch versagt.

Ich muss es auf der Stelle wiederfinden,

ich habe keine andere Wahl.

Sonst werde ich die Heimat nicht mehr wiederfinden,

und ich habe die Qual der Wahl.

Alles Vergessen

Warum habe ich alles vergessen

ich weiß das nicht.

Kann mich daran nicht erinnern

das ich vergessen habe alles jeden Tag.

Ich werde mich trotzdem erinnern

was ich gelernt habe am vergangenen Tag.

Hass

Hass ist ein Wort

das nicht öffentlich ausgesprochen wird.

Ihr setzt es nur in Taten um.

Da seid ihr große Meister drin.

Ihr Meister aller Klassen.

Ihr denkt, ihr seid die Meister aller Rassen.

Habt leider nichts gelernt.

Hängt zu hoch des Meisters Brief für euch allemal.

Angst

Habe bekommen schreckliche Angst in meinem Leben.

Kann nicht überwinden sie.

Sie stürzte mich in den Abgrund,

der so tief hinunter ging.

Das ich nicht mehr sehen konnte

wo ich zum Schluss gelandet bin.

Geld und Seele

Was hat das Geld mit der Seele zu tun?

Habe die Befürchtung sehr viel.

Kann nicht leben ohne Geld.

Werde wohl mein Seelenheil dadurch verlieren.

Mus mich befreien aus dieser misslichen Lage.

Habe nur noch das eine Ziel

muss wohl sehr viel Geld verdienen.

Um ans Geld zu kommen, bleibt mir wohl nur eine Chance,

gebe meine Seele für das Ganze.

Da wird sich aber einer sehr freuen

er wartet nur darauf.

Er nimmt mir dann das Ganze, und ich scheiße darauf.

Jetzt habe ich viel Geld

und verlor meine Seele auch zugleich dabei.

Ich sitze jetzt als Hülle da

und habe mich bewegt für immer fort vom Ganzen.

Heiliger Geist Du???

Habe geträumt vom Heiligen Geist.

Er ist gekommen über mich,

als ich im Grunde genommen, ein bisschen besoffen war.

Der Heilige Geist gab mir alle Sprachen.

Daraufhin habe ich gedacht das kann nicht sein.

Ich spreche nur eine Sprache die spreche ich nur ganz allein.

Kann mir keiner sagen was ich damit mein.

Heil?

Heil!

Ach so - schon wieder die falsche Hand.

Ich bin schon wieder der Clown

und der Klon von Hochmut Hitler.

Habe gedacht ich könnte die Welt vernichten.

Die Biologen haben sich glaube ich mich

als Klon gewaltig unterschätzt.

Ich kenne nur das Universum in der fünften Dimension.

Konnte keinen finden der mir das erklärt.

Drum bin ich gegangen in die dreizehnte Dimension.

Noch ein Tipp habe ich für Euch, glaube mir kein Wort,

es geht so schnell gegangen das ich bin gleich fort.

Gold nackich auf die Hand

Ihr müsst mir in die rechte Hand ein Goldstück legen

dann kommt ihr an mir vorbei.

Das müsst ihr begreifen.

Leider wisst ihr nicht was das soll.

Es ist für Euch ein großes Rätsel.

Ich sammle die Goldstücke alle ein

und werde dadurch der reichste Mann des Universums,

und doch der ärmste Mann dieser Welt.

Drum bin ich der reichste Mann der Welt

und habe doch kein Geld.

Einer hat das kapiert der war nicht bei Trost.

Er meinte das ich keine Goldstäbchen fischen könnte.

Er hat das wohl verwechselt mit Iglo Gold Fischstäbchen.

Er zeigte mir ein Kreuz mit beiden Händen,

als wäre ich ein Vampir.

Das geht schon gar nicht ich kann nicht verschwinden

weil ich Käpten Iglo bin.

Der Abgrund

Wenn ihr mich liebt, dann küsse ich euch.

Wenn ihr mich verarscht, dann töte ich euch.

Ach so, das habe ich noch vergessen.

Aber für immer in aller Ewigkeit.

Der weiße Tiger

Einmal stellten sie mir viele Fragen.

Die Antwort, die Sie dann von mir bekamen

verblüffte sie wohl doch sehr.

Dann wollten sie auch noch die Erklärung

von meinen Antworten haben.

Ich sagte Ihnen, dass es nicht so einfach wäre

weil ich die Erklärung bin.

Fing dann an zu erzählen, dass ich Gottes Tiger bin.

Meine Heimat ist Sibirien, bin so weiß wie der Schnee,

habe blaue Augen, die so groß sind wie die See.

Meine Fangzähne sind so groß und leicht gebogen

wie der Mond, wenn er am dünnsten ist?

Die Krallen die ich besitze haben eine enorm große Spitze.

Ich fahre sie aus in eisiger Nacht

und habe damit meine Beute gleich umgebracht.

Aber meine gefährlichste Waffe ist mein weiß gestreiftes Fell und

im Schnee, wenn ich es will

werde ich unsichtbar für alle meine Feinde

und sie hören nur noch meine Stimme

wenn ich es will.

Meine Stimme ist gewaltig

sie ist so groß wie die Sonne am Firmament.

Wenn meine Feinde sie hören

erstarren sie zu Eis

ich habe dann was zu lecken

und tue ein wenig Sahne oben drauf.

Bei meinen Freunden bin ich anders

dann fange ich an zu schnurren.

Ich bin dann wie ein kleines Kätzchen

das liegt in Mamas Himmelbett.

Habe die Befürchtung

ich bin dann immer noch zu laut für euch.

Hole euch deshalb die Sterne vom Himmelszelt

damit ihr hören könnt die Stille dort.

Dann habt ihr keine Fragen mehr

und ich brauche nicht zu antworten.

Drum muss ich euch jetzt sagen

:"Liebe Freunde, seit jetzt ruhig

sonst stecke ich euch in den Sack."

Ich hoffe jetzt das ist genug der Erklärung

und habe keine Lust mehr.

Es ist fünf nach zwölf geworden

und ich brauche jetzt meine Ruhe.

Die Eiche

Ich bin eine alte germanische knorrige Eiche und sehr Alt.

Schweine und anderes Getier fressen meine Früchte

und leben von mir.

Die Menschen schätzen und feierten mich sehr.

Der Katholischer Mönch Bonifazius der aus dem Irrenland kam

bewacht von seiner Soldateska

setzte die Axt an mich und fällten mich vor meinen Freunden.

Aus meinen Holz wurde eine Kirche gebaut

es war in Fulda und Bonifazius freute sich sehr.

Darauf hatte Er eine Idee

das er auch die holländischen Germanen

bekehren und unterdrücken könnte.

Er zog nach Holland

und hatte seine Soldateska leider nicht dabei,

da stachen die Germanen das Schwein Bonifazius nieder

und da war es mit ihm vorbei.

Ich aber habe die Schweinerei überlebt.

Die Schweine und das andere Getier

konnten meine Früchte nicht ganz verdauen

sie scheißen mich wieder aus

und verteilten mich auf diesen Planeten.

Wär das nicht so im Leben ist der Preis dafür euer Leben.

Es muss euch langsam zu denken geben das man

nicht besiegen kann die Natur! (Amen)

Einzigartigkeit

Wo bist Du geblieben ?

Hast dich wohl verloren in der Ewigkeit

Suche dich in der Vergangenheit.

Wirst du dich wiederfinden in der Zukunft.

Wenn du das erkennst wirst du merken,

dass der Raum unendlich ist.

Du wirst versinken in der Ewigkeit.

Wirst dich selber wiederfinden und

erkennen das du einzigartig bist.

Ich habe dir das gesagt

weil ich

der Tiger Gottes bin.

Für dich Claudia von und zu Tiger.

Im Himmel

Ballaballa in Walhalla.

Bin gekommen und gegangen und wo anders kam ich raus.

Bin besoffen und bekifft und dadurch verstehe mich sehr gut.

Die Frauen sind davon sehr entzückt,

ich werde davon langsam nicht verrückt.

Komme keines falls darauf woran es liegt.

In der Walhalla zu sein auch wen man ballaballa ist

immer in der Ewigkeit sehr angenehm.

Bin nicht gerade groß und nicht sehr attraktiv

und alle haben mich doch sehr lieb.

Darum habe ich mich entschlossen

in Walhalla die absolut ballaballa ist

für immer und ewig zu verweilen.

Weil es mir sehr großen Spaß macht!

Falschverbunden

Ich spreche in mein Telefon Chau Bella.

Ich habe mich wohl in der Telefon Nummer geirrt.

Hörte nur am Telefon hier ist Bello!

Die Stimme ist mir wohl bekannt

es ist der Hebifren, mehrfach Schlitzohrgesang.

Ich höre dann mehre Stimmen die Hypophren

Reppen und säuseln mir ins Ohr oder ins Gehirn

ich weiß dann nicht ob es oben

so richtig angekommen ist.

Jetzt habe ich große Zweifel

ob ich richtig in der Birne tick.

Aber es ist leider so

denn mein Kopf ist von innen hohl

da passt absolut nichts rein

deswegen kann ich das Gesösel nicht hören

und höre meine Stimme

nur ganz allein.

Ich kann singen Hippi hippi ho ho

und halte dann meine Ohren ganz fest zu.

Dann habt ihr keine Verbindung mehr zu mir.

Dann seit ihr für immer falsch verbunden

und ich habe für immer und in Ewigkeit

meine Ruh.

Chisewarwar

Ich gehe von Bottrop nach Chisewarwar!

Chisewarwara ist ein Ort ist im Osten wo die Sonne

immer aufgeht da wo Jokoschima ist.

Es ist ein langer Weg bis dort hin

ich habe mir die Siebenmeilenstiefel angezogen

um zu kommen dort hin.

Meine erste Etappe ist Sarajevo

für die Scharfschützen dort komme ich zu schnell,

Sie verfehlten mich bei jedem Schuss,

weil ich ja wie ihr wisst, schneller bin als das Licht.

Der nächste Schritt war die Türkei

Sie gaben mir den besten Dope der Welt.

Ich verweilte dort eine kurze Zeit

und die Reise ging dann gut fort.

Weiter führte mein Weg

durch Syrien, Babylon, Persien nach Afghanistan.

Dort konnte ich nicht verweilen

es schlugen um meine Ohren zu viele Raketen ein

und ich konnte in dieser Hölle nicht verweilen.

Ich zog dann weiter über Pakistan

da war es auch nicht besser.

Da verbrannten sie die Frauen .

Die haben sich ja selber in die Lage gebracht

weil sie bewahren wollten das Wissen der Frauen.

Ich überschritt schnell die Grenze nach Indien

da bekam ich auch gutes Dope

doch die Heilligen Männer und Gurus taten mir nicht gut.

Ich zog dann weiter nach Chin den Streitenden Reichen

was heute China heißt.

Da traf ich Laotse der tat mir gut

leider war er schon lange tot, oder auch nicht.

Die Reise ging dann weiter über Nord Korea.

Ich lernte einen Schachkopf kennen

der hielt mich Doof wieder mal

verpissen ich mich mal auf der Stelle

und ging schnell in das Land

der aufgehenden Sonne.

Dort kam ich nach Tokio und zum Tenno.

Ich fragte den selbst ernannten Gott

ob er mir den Weg zeigen könnte

nach Jokoschima wo die atomare Sonne zu Hause ist.

Gott sagte, ich sollte an die verstrahlte Küste gehen.

Ich ging dort hin und schaute mir das an.

Habe schon viel Scheiße gesehen.

Musste mich durchkämpfen durch die Neutrinos

und den atomaren Staub bis ich kam an meinem Ziel.

Stand dann vorm Reaktor

und denke mir

das ich ihn doch in der Pfeife rauchen könnte

und zog mir die Scheiße mit einen Zug rein.

Von daran fing ich an heftig an zu Strahlen

und bekam über mein Kopf

ein sehr schönen

fünfeckigen und fünfdimensionalen Heiligenschein.

Da habe ich mir gedacht

das ich die Sache ganz gut gemacht.

Darauf hin bestellte ich mir spontan per Satellit

bei den Amis ein Tarnkappenbomber

der mich bequem nach Hause bringt.

Sie beamten mich in Bottrop auf den Donnerberg

herunter auf den Friedhof

wo der Gott Wotan zu Hause ist

der jetzt eine Müllkippe ist.

Meine Eltern haben mich dort gefunden

und haben mich sehr freundlich aufgenommen

und mich gleich adoptiert,

ob wohl ich ein Germanischer Tiger bin.

Ich strahlte wie ein Engel mit einen fünfeckigen

fünfdimensionalen radioaktiven Heiligenschein.

Jetzt laufe ich strahlend durch Bottrop

und alle haben Angst vor mir .

Sie weichen mir aus wo sie können

und halten mich für sehr dämlich.

Ich werde Sie bis aufs Blut bekämpfen

bis sie feststehen, was ich eigentlich tue.

Ich nehme mir ihre mickrigen Seelen als dankesschön.

Kann damit was anfangen

das werdet ihr in diesen Leben niemals verstehen.

Ich habe als Gottes Tiger mein eigenen Weg gefunden

und mich begleiten zwei merkwürdige Höllenhunde..

Der eine ist klein und eigentlich sehr lieb

der beißt euch nur im Arsch

doch ist er auch sehr fies

heißt Chsiwarwarwahr.

Der andere ist groß und gemein

und der heißt aktuell Chauchau.

Wir drei haben euch auf hohen Niveau

zum fressen gern und sehr lieb! (Ach so so!)

Die rote Kuh

Die rote Kuh die muuh macht, macht nicht lange muuh
weil sie geschlachtet wird beim muuh.
Die Moslems, Juden und Christen
hören das muuh und machen die Augen zu.
Sie hoffen dann das der Herr
wer das auch immer ist
das der Herr durch die Himmelsforte eintritt,
Der Herr hört das muuh von der roten Kuh
und dreht sich auf der Schwelle der Himmelsforte
gleich wieder um.
Dem Herrn ist das zu widerlich das die rote Kuh
in dieser misslichen Lage auch noch ihre Tage kriegt.
Es ist nun mal so das,
das Ende immer der Anfang ist
und der Anfang die Zukunft ist.
Jetzt rätseln die Moslems die Juden und die Christen
was wohl in den Tausenden von Jahren
wohl falsch gelaufen ist.
Sie hocken und grübeln
in ihren Moscheen, Kirchen und Tempeln.
Wie sie wohl der roten Kuh zurückgeben können
das große Muuuh!

Peppy

Wen Ihr meint in eurem Größenwahn Gott anrufen zu müssen

was ich euch ehrlich in diesen Leben nicht raten würde!

Falls doch, müsst Ihr laut und inbrünstig Peppy rufen.

Denn Peppy ist mein neunundneunzigster Name.

Leider ist es euer Pech weil ich hundert Namen habe.

Denn ich lebe in der fünften Dimension und Peppy

ist ja nur mein Kosename.

Es kommt dann was durch eine seltsame und komische Tür

die alle von euch schon mal gesehen habt was eingetreten,

was Ihr in euren kühnsten Träumen niemals erwartet habt,

und Ihr in euren Leben glauben und erklären könnt.

Ihr seit zu fort erschrocken und im Augenblick

vor Angst ganz steif.

Ich trete dann ein durch diese seltsame komische Tür

und in jeder Trilliardste Sekunde werde ich immer größer.

Ihr könnt mich allerdings noch beim vollen Bewusstsein

noch wahrnehmen.

Was euch schon wieder mal sehr durcheinander bringt.

Ich entpuppe mich dann als ein ausgewachsener

weiser und weiß gestreifter sibirischer Tiger.

Vielleicht habt Ihr jetzt verstanden

das Peppy ja nur mein Kosename ist.

Den neunundneunzigsten Name

den ich mir selber zugesprochen habe

von den achtundneunzigsten vorigen Namen

die Ihr mir fälschlicher weise früher schon zugesprochen habt

waren also alle immer schon die falschen.

Den hundersten Namen den ich mir selber gegeben habe

nämlich Tiger, an den Ihr sowieso niemals glauben könnt

ist noch falscher.

Der dritte und letzte Name in diesen Zahlenspiel

also der hunderste Name ist für euch nicht erreichbar.

Weil das schon immer und ewig so war

ist das für euch das absolute Nichts

und der absolute Abgrund.

von wo Ihr absolut niemals entfliehen könnt.

Am Ende muss der Hundertprozentig

weise und weiß gestreifte sibirische Tiger

für euch die Suppe auslöffeln.

Ich habe allerdings

dafür euch ein sehr gemeinen hohen Preis.

Ihr müsst mir ein Gold Stück in meine rechte Pranke legen

um zu kommen ins Himmelreich.

Das ist die Fahrkarte ins Himmelreich

jetzt hoffe ich das ihr verstanden habt

das ich der Tiger Gottes bin.

Wein ich aber das Goldstück fallen lasse

werdet Ihr schnell merken

das ich auch der Wächter der Hölle bin.

Eine Anmerkung noch zum Schluss.

Ich bin der Besitzer der Universen

und der reichste Mann in den Universen

leider auch der ärmste Mann in diesen dreizehn Universen

und deshalb habe ich kein Geld.

Zum Schluss noch ich bin der Besitzer

von diesen komischen Dingen!

PS! Ich schnurre nur und beiße nicht

wenn Ihr zum Tiger immer ganz lieb seit.

Noch mal PS! Es knurrte der Tiger.

Das Gehirn weiß alles

Das Gehirn der Salafisten war schon immer defekt

sie meinen wirklich sie hätten das Paradies entdeckt.

Gott meint aber, das Paradies

für die Salafisten wird immer kleiner,

es schrumpft ab auf minus 1001 Promille

und macht zum Schluss nur noch bumm.

Dann haben Sie was vom Paradies nämlich absolut nichts.

Sie gucken dann nur in die Röhre

und der Himmel ist nun in aller weitesten Ferne.

Jetzt reden die Salafisten nur noch Scheiße

und entführen, morden vergewaltigen

und plündern ihr eigenes Gehirn.

Das ist allerdings noch scheissiger.

Weil sie für immer in dieser großen Scheiße

feststecken werden.

Das sagt euch einer der ist nicht ganz dicht,

weil er selber nur ein Schwachkopf ist.

Ich halte mich immer von allem wie immer fern

Es gibt zu viel Scheiße auf dieser kleinen Welt .

Ich aber bin leichter als Scheiße

und schwebe immer 13 tausend Seemeilen über ihr.

Werde mich von dieser Position niemals

auch nur ein Millimeter

nach unten begeben sondern nur nach oben.

Es ist leider so, dass die Scheiße sich immer mehr auftürmt.

Aber wie ich euch erklärt habe,

wisst ihr ja, halte ich immer den selben Abstand zu ihr.

Ab und zu komme ich auf sehr merkwürdige Ideen.

Im schlafe habe ich eine hochtechnisierte Maschine konstruiert

Ihr werdet mir das sowieso nicht glauben

wenn ich euch sage, dass es ein

riesengroßer ferngesteuerter Küchenquirl ist.

Wenn ich diese Maschine aktiviere,

kommt Sie auf die Erde nieder

und rührt die ganze Scheiße durch.

Dafür habe ich extra ein Programm geschrieben

für meinen Computer,

er macht das dann für mich alles ganz alleine,

dass ich bloß nicht in Berührung komme

mit der großen Scheiße .

Die ganze Scheiße spritzt dann wie ein großer Tsunami

über die ganze Welt,

sie ist hoch infektiös

und trifft immer die Richtigen in die Fresse,

dass sie krepieren daran.

Ich muss denen die die große Scheiße überlebt haben

noch sagen :

„Ich bequeme mich erst auf diese Planeten erst herunter,

wenn die große Scheiße zu Humus verrottet ist".

Auf dem Humus pflanze ich sehr schöne Pflanzen,

dann glauben die Menschen die übrig geblieben sind.

dass das Paradies nie verschwunden ist.

Männeken über Bord

Ich habe meinen großen Bruder

auf meinen Flugzeugträger mitgenommen.

Habe leider vergessen ihm zu sagen

dass der Flugzeugträger 36 Kilometer lang ist

und nicht auf dem Wasser schwimmt.

Leider habe ich ihn nicht darauf hingewiesen

dass es auch keinen Plan gibt

wo er sich nach richten könnte.

Ich stand mit ihm auf der Kommandobrücke.

Da hat er gesagt

das er sich mal auf dem Flugzeugträger umgucken würde.

Ich ließ ihn gehen, ohne mir dabei etwas zu denken.

Dann habe ich ihn lange nicht mehr gesehen.

Ich weiß ja nur, dass der Flugzeugträger 36 Kilometer lang ist .

Leider nicht, wie hoch und breit er ist.

Na ja, ich sitze auf der Kommandobrücke

und überprüfe meine ganzen Waffensysteme.

Es sind nicht gerade wenige.

Wie viele es sind ist streng geheim.

Ich sitze wohl eine ganze Weile vertieft in meine Arbeit

so dass ich an meinen Bruder gar nicht mehr gedacht habe.

Noch mal na ja, ich habe wie immer viel geraucht

das meine Kommandobrücke ziemlich vollgeraucht wurde

und ich frische Luft brauchte.

Ich erhob mich von meinem Sessel und ging zum Bullauge

und öffnete es und schaute heraus.

Da sehe ich meinen großen Bruder.

Er stand auf der Startbahn und schaute sich die Umgebung an

.Ich beobachtete , dass sich mein großer Bruder

für eine Frau interessierte, die einem zuwinkte.

Mein Bruder dachte wohl

dass sie auf der selben Ebene steht wie er.

Nur hatte er nicht kapiert

das er auf der Startbahn meines Flugzeugträgers steht.

Ich war an der Szene sehr interessiert

und schaute mir diese an.

Bin dann wohl versehentlich

an den Schalter des Katapults gekommen.

Kurz gesagt ich schoss ihn ab,

dass er auf dieselbe Ebene dieser Frau kam.

Nur wie gesagt, weiß ich nicht wie hoch der Flugzeugträger ist.

Habe aber schnell reagiert

und schickte ihm einen Rettungsfallschirm

so dass er auf der unteren Ebene gut angekommen ist.

Sie hatten sich dann auch lieb und lebten in ihrer eigenen Welt

.Ich glaube das es auch so war.

Die Zeit verging und irgendwann vermissten sie etwas,

was sie anfingen zu suchen.

Komischer Weise dachten sie an mich

und das ich auf dem Flugzeugträger lebe.

Na nu jetzt will ich mal zum Schluss kommen.

Auf jeden Fall ist es so ausgegangen

dass sie um meinen Flugzeugträger herumgelaufen sind

und nicht die Tür gefunden haben, wo sie eintreten könnten.

Jetzt muss ich euch sagen,

dass ich auf einem unsichtbaren Flugzeugträger wohne.

Es ist eine viel höhere Ebene wo ihr euch draußen bewegt.

Wenn ihr klug seid werdet ihr mich fragen müssen

wo der Eingang ist.

Wie gesagt ihr musst mich fragen .

Das heißt nicht das ich euch die Antwort gebe.

Und das war es !